BEI GRIN MACHT SICH IHR WISSEN BEZAHLT

- Wir veröffentlichen Ihre Hausarbeit,
  Bachelor- und Masterarbeit

- Ihr eigenes eBook und Buch -
  weltweit in allen wichtigen Shops

- Verdienen Sie an jedem Verkauf

Jetzt bei www.GRIN.com hochladen
und kostenlos publizieren

Bibliografische Information der Deutschen Nationalbibliothek:

Die Deutsche Bibliothek verzeichnet diese Publikation in der Deutschen National-
bibliografie; detaillierte bibliografische Daten sind im Internet über http://dnb.d-
nb.de/ abrufbar.

Impressum:

Copyright © 2007 GRIN Verlag, Open Publishing GmbH
Druck und Bindung: Books on Demand GmbH, Norderstedt Germany
ISBN: 9783668610958

Dieses Buch bei GRIN:

https://www.grin.com/document/336495

Hubert Woita

Rechtspopulismus als neue Form der Politik. Der Blick nach Dänemark, Norwegen und Schweden

GRIN Verlag

GRIN - Your knowledge has value

Der GRIN Verlag publiziert seit 1998 wissenschaftliche Arbeiten von Studenten, Hochschullehrern und anderen Akademikern als eBook und gedrucktes Buch. Die Verlagswebsite www.grin.com ist die ideale Plattform zur Veröffentlichung von Hausarbeiten, Abschlussarbeiten, wissenschaftlichen Aufsätzen, Dissertationen und Fachbüchern.

Besuchen Sie uns im Internet:

http://www.grin.com/

http://www.facebook.com/grincom

http://www.twitter.com/grin_com

Rechtspopulismus als neue Form der Politik.

Der Blick nach Dänemark, Norwegen und

Schweden

Inhaltsverzeichnis

1. Einleitung 3

2. Forschungsstand 5

3. Analyse der Thematik 6

   3.1. Rechtspopulismus – Klärung des Begriffs 6

   3.2 Aufstieg der rechtspopulistischen Parteien in Dänemark und Norwegen 12

   3.2 Kein Erfolg in Schweden 16

4. Rechtspopulismus als Herausforderung für die Demokratie 19

5. Literaturverzeichnis 22

1. Einleitung

Der 17. September 2006 war der Tag der Landtagswahlen in Mecklenburg-Vorpommern, mit einer erneut erschreckend niedrigen Wahlbeteiligung. Doch der Folgetag sollte für noch mehr Unmut sorgen. Alle Wahlzettel waren nun ausgezählt und es sollte das eintreffen, wovor sich alle demokratischen Parteien des Landes fürchteten. Die Nationaldemokratische Partei Deutschlands (NPD) hatte es mit 7,3 % der Wählerstimmen, nach den Wahlen in Sachsen 2004, in die zweite deutsche Landesregierung geschafft. Sofort fragte sich die Medienwelt, wie es zu einem solchen Erfolg kommen konnte. Schließlich habe die NPD bei den letzten Wahlen doch erheblich weniger Zuspruch der Wählerschaft erhalten. Hatte sich in der Zwischenzeit die politische Meinung der Bürger etwa so viel mehr ins rechte Feld gerückt oder waren es auch viele Frustwähler, die der NPD ihre Stimme gaben? Denn Frust gab es bei so einigen der Wahlberechtigten, vor allem über die Reformen der Sozialhilfe- und Arbeitslosengesetze oder der immer noch schlechten Situation auf dem Arbeitsmarkt in Mecklenburg-Vorpommern. Und genau an dieser Stelle setzten die Wahlkämpfe der NPD an. Man verstärkte die Aufmerksamkeit auf sozialpolitische Themen und wollte so besonders die sozial schlechter gestellten Bevölkerungsteile erreichen. Zudem gab man sich auf zahlreichen Kinder- und Familienfesten bürgernah. Die Parteiführung beschwor öffentlich ihre Verfassungstreue und distanzierte sich von gewaltbereiten Neonazis. Man wollte sich, wie es der ehemalige stellvertretende

Bundesvorsitzende Jürgen Schön einmal sagte, vom „Schmuddel-Glatzen-Image"[1] befreien und durch seriöses Auftreten politisch überzeugen. Dass diese Taktik aufging musste das Land Mecklenburg-Vorpommern jetzt entgegennehmen.

Dieses Phänomen ist allerdings keine typisch deutsche Erscheinung. Seit Mitte der achtziger Jahre gelang es europaweit immer wieder rechtspopulistischen Parteien, teilweise hohe Wahlerfolge zu feiern. Aber wie bereits genannt, kann man diese Vertreter der rechtsextremen Bewegung nicht mit den fremdenfeindlichen Skinheads oder den zur Gewaltaffinität neigenden Neonazis vergleichen. Die rechtspopulistischen Parteien spielen ihre rechte Gesinnung mit politischen Mitteln aus. Da sie aber am Rande der Gesellschaft agieren, bilden sie eher eine Gefahr für die innere Sicherheit des Staates als für die Veränderung des demokratischen Systems.[2]

Doch was genau versteht die Politikwissenschaft unter dem Begriff Rechtspopulismus und wo liegen deren Ursachen? Auf diese Frage versucht die vorliegende Ausarbeitung eine Antwort zu finden. Des Weiteren soll die Entwicklung des Rechtspopulismus in den skandinavischen Ländern Gegenstand der Untersuchung sein. Wobei nur eine Länderbetrachtung von Dänemark, Norwegen und

---

[1] zitiert aus: Stöss, Richard: Rechtsextremismus im Wandel. Berlin 2005, S. 136
[2] vgl. Pfahl-Traughber, Armin: Volkes Stimme?: Rechtspopulismus in Europa. Bonn 1994, S. 9

Schweden vorgenommen wurde, da der Zugang zu deutscher Literatur für eine aussagekräftige Betrachtung Finnlands sehr schwierig ist.

2. Forschungsstand

In fast allen europäischen Ländern sehen sich die Demokratien mit rechtspopulistischen Parteien konfrontiert. Besonders seitdem es Jörg Haider im Jahr 2000 gelang die Freiheitliche Partei Österreichs (FPÖ) an der Regierung zu beteiligen, kam es zu einer enormen Beachtung der Problematik in der Öffentlichkeit. Dementsprechend wird auf diesem Gebiet der Politikwissenschaft schon seit mehreren Jahren umfangreich geforscht. Dabei befassen sich die wissenschaftlichen Arbeiten vor allem mit den Ursachen des Rechtspopulismus. Hauptsächlich wurden dabei Länderstudien untersucht, aber auch länderübergreifende Vergleiche wurden zum Thema vielzähliger Arbeiten.[3]

In Deutschland konzentrieren sich die meisten wissenschaftlichen Arbeiten auf die Entwicklung des Rechtspopulismus selbst. Aber auch die Verbindung zum Rechtsextremismus ist oftmals Gegenstand der wissenschaftlichen Untersuchungen. So veröffentlichte Frank Decker in diesem Jahr eine Arbeit, die den

---

[3] siehe Decker, Frank (Hrsg.): Populismus in Europa: Gefahr für die Demokratie oder nützliches Korrektiv? Bonn 2006, S. 10

europäischen Populismus umfassend beleuchtet. Dabei wird auf den theoretischen Hintergrund ebenso eingegangen, wie auf die Untersuchung von Länderstudien und Vergleichen. Einen ähnlich präzisen Überblick lieferten die Veröffentlichungen von Armin Pfahl-Traughber aus dem Jahr 1994 und eine von Hans-Peter Burmeister im Jahr 2003 herausgegebene Beitragssammlung. Letztgenannte enthält zahlreiche Aufsätze renommierter Politikwissenschaftler, etwa von Dr. Lothar Probst von der Universität Bremen zum Rechtspopulismus in Österreich.[4] Für die Analyse der Thematik bieten diese Werke eine hilfreiche Übersicht und vermitteln auf leicht verständliche Weise den politikwissenschaftlichen Hintergrund des Rechtspopulismus.

3. Analyse der Thematik

3.1. Rechtspopulismus – Klärung des Begriffs

Bevor der Begriff des Rechtspopulismus genau definiert werden kann, muss geklärt werden, was man unter Populismus im Allgemeinen versteht. Denn aus seiner inhaltlichen Bedeutung heraus lassen sich keine spezifischen Bezugsmerkmale ableiten. Vielmehr ist es ein Begriff mit den inhaltlich vielschichtigsten Erscheinungen und eine Ableitung allein auf das „Volk" wäre zu allgemein. So können eine Reihe von Bewegungen, Parteien oder

---

[4] siehe Burmeister, Hans-Peter (Hrsg.): Ursachen und Folgen des Rechtspopulismus in Europa. Rehburg-Loccum 2003, S. 91-104

auch Politikern als populistisch bezeichnet werden. In der Geschichte lassen sich dafür unterschiedlichste Beispiele finden – etwa die US-amerikanische Farmerbewegung, die sich gegen die sozialen Folgen der Industrialisierung wendete, die russischen Narodniki („Volkstümlertum") aus der Zeit des Zarenreichs oder auch der Maoismus mit seiner Vorstellung von der Bauernrevolution. Und auch in der heutigen Zeit werden völlig verschiedene politische Kräfte als populistisch bezeichnet.[5]

Der Begriff lässt sich also nicht generell kategorisieren und darf nicht als eine politische Ideologie angesehen werden. Er ist vielmehr eine Politikform, aber auch eine neue Art, wie sich Politiker, Parteien oder andere politische Elemente mit dem umworbenen Volk in Beziehung setzen. Im engeren Sinn definiert der Begriff die Interaktion und die besonderen Wechselbeziehungen zwischen den Akteuren und dem angesprochenen Publikum. So bedienen sich die unterschiedlichsten Träger dieser Kommunikationsform. Demokraten, Extremisten, Politiker, soziale Bewegungen, rechte sowie linke Kräfte können als Populisten bezeichnet werden, wenn sie in der gleichen Art mit ihrer Bezugsgröße Volk in Kontakt treten. Dabei gibt es drei kennzeichnende Merkmale des Populismus. Zum einen der Bezug auf das „Volk" und der Kritik am „Establishment". Reden die Populisten vom Volk, so sind immer die einfachen, rechtschaffenen Leute gemeint, deren Wohl durch die herrschenden Eliten angeblich in Gefahr sein soll. Das Volk wird als Einheit

---

[5] vgl. Pfahl-Traughber: Volkes Stimme? S. 17

gesehen, politische und soziale Differenzen werden ausgeblendet.[6] Dann die direkte Beziehung zwischen dem populistischen Akteur und dem Volk. Denn der Populismus gibt der direkten ungeregelten Beteiligung einen größeren Stellenwert als die vermittelte und geregelte Repräsentation politischer Herrschaft. Als letzten Punkt die Anlehnung an die „Stammtisch"-Mentalität, also an real präsente Einstellungen, Ressentiments und Vorurteile. Dadurch werden versteckte Wünsche, verdrängte Widersprüche und Widerstandsenergien mobilisiert um so die Aufmerksamkeit auf sich zu lenken. Aber auch eine Einteilung in Typen ist zur besseren Erfassung des Begriffes vorteilhaft. So unterscheidet man unter anderem nach inhaltlichem oder themen- bezogenem Populismus. Beispiele wären der National- oder Sozialpopulismus, bei denen bestimmte ideologische Aspekte zum Inhalt der populistischen Ansprache gemacht werden.

Des Weiteren erfolgt eine Unterscheidung in die Träger des Populismus. Dabei geht der Populismus „von oben" von einem Politiker aus, der diesen dazu benutzt für seine Ansichten zu werben und bei Wahlen auf Zustimmung zu stoßen. Indirekt wird damit auch eine Mobilisierung des Publikums bezweckt. Dagegen setzt Populismus „von unten" auf ein eigenständiges Handeln, strebt aber ebenso eine Mobilisierung an. Dieser Typ wird vor allem von sozialen Bewegungen, wie der Friedens- und

---

[6] siehe Decker, Frank: Rechtspopulismus. In: Burmeister (Hrsg.): Ursachen und Folgen des Rechtspopulismus in Europa. S. 10

Ökologiebewegung verwendet. Schließlich die Unterscheidung nach der politischen Ausrichtung, wobei die Konzentration hier beim Rechts- bzw. Linkspopulismus liegt. Auch wenn sich innerhalb der politischen Linken populistische Methoden zunehmender Beliebtheit erfreuen, so sind es in der Regel Vertreter der politischen Rechten, die sich in zu Nutze machen.[7]

Angewandt wird der Begriff Rechtspopulismus seit etwa Mitte der achtziger Jahre, und bezieht sich auf Parteien und Bewegungen rechter politischer Orientierung, die in den westlichen Demokratien zu dieser Zeit entstanden und ihren Durchbruch erzielten. Dieses zeitgleiche Auftreten und der Erfolg der Parteien zeigen, dass sie gemeinsame Ursachen gehabt haben müssen. So ist sich die Wissenschaft einig, dass die neuen Rechtsparteien eine Folgeerscheinung gesellschaftlicher Modernisierungskrisen sind. Diese Krisen sind nicht neu, doch in heutiger Zeit werden sie in Zusammenhang mit den Problemen der weltweiten Globalisierung gesetzt. In jedem Land gab es und gibt es diese Probleme, was auch den länderübergreifenden Erfolg erklärt. Ökonomisch kommt es durch einen Abbau wohlfahrts-staatlicher Sicherungen zu einer Polarisierung zwischen Arm und Reich. In kultureller Hinsicht bringt die Globalisierung die Entstehung von multiethnischen und – kulturellen Gesellschaften, was viele Menschen mit nationalem

---

[7] siehe Pfahl-Traughber: Volkes Stimme? S. 18 ff.

Identitätsverlust verbinden. Zusätzlich fühlen sich Teile der Gesellschaft politisch unausreichend repräsentiert.[8]

Somit war der Nährboden für das Heranwachsen des Rechtspopulismus in vielen Ländern gegeben, da er genau diese vorherrschenden Gesellschaftsprobleme aufgriff. Relativ einheitlich bei den westlichen Populismen sind zudem ihre Organisation und ihr politisches Auftreten. So steht bei den meisten eine charismatische Führungsposition an der Spitze – etwa Le Pen in Frankreich, Berlusconi in Italien oder Haider in Österreich – und / oder die Partei wird durch eine straffe Organisation zusammengehalten. Auch die Fähigkeit zu einer eindringlichen und scharfen Wähleransprache ist charakteristisch für rechtsorientierte Populismen. Durch ihren Bezug auf das Volk geben sie ihren Hörern das Gefühl einer von ihnen zu sein und verstanden zu werden. Zudem bieten sie ihrem Publikum eine möglichst alle wichtigen Politikbereiche abdeckende eigenständige Ideologie.[9]

Die vertretenden Ideologien variieren allerdings von Land zu Land. So muss hier schon eine Unterscheidung in Bezug auf den Extremismusgrad gemacht werden, da die rechts-populistische Programmatik weder in das klassische Schema des Rechtsextremismus noch in das des Rechtsradikalismus passt.[10] Einige Populismen sind stark vom Rechtsextremismus geprägt,

---

[8] siehe Decker (Hrsg.): Populismus in Europa. S. 14
[9] vgl. Decker (Hrsg.): Populismus in Europa. S.16
[10] siehe Betz, Hans-Georg: Radikaler Rechtsextremismus in Westeuropa. In: Politische Vierteljahrsschrift. Sonderheft 27/2006. Opladen 2006, S. 368

beispielsweise die Front National in Frankreich, bei anderen wiederum ist es fraglich, ob sie eindeutige rechtsextreme Züge tragen. Beispiele hierfür wären die FPÖ oder die skandinavischen Fortschrittsparteien. Auch der thematische Schwerpunkt der Ideologie liegt bei vielen rechtspopulistischen Parteien woanders. Wobei sich die meisten auf Themen aus dem kulturellen Terrain stützen. Schlüsselthema der Populisten ist dabei die Zuwanderung und die ihrer Ansicht nach fehlgeschlagene Umsetzung einer multikulturellen Gesellschaft. Dazu kommt die Verbindung von nationalem Denken und einem gemeinsamen west-europäischen Verständnis von kultureller Identität und Zugehörigkeit. Das Gegenstück zu diesem Verständnis wird nach ihrer Auffassung durch die überwiegend nicht-westliche Zuwanderbevölkerung verkörpert. Dieses gleiche Denken führte auch zur Zusammenarbeit und Unterstützung unterhalb der neuen Rechtsparteien.[11]

Aber selbst wenn die günstigsten Voraussetzungen für den Aufstieg eines rechten Populismus gegeben sind, sind sie noch lange kein Garant für deren dauerhaften politischen Erfolg.

---

[11] vgl. Decker (Hrsg.): Populismus in Europa. S. 17 ff.

3.2 Aufstieg der rechtspopulistischen Parteien in Dänemark und Norwegen

Anfang der siebziger Jahre kam es in beiden skandinavischen Ländern zur Gründung und zum sofortigen Erfolg der Fortschrittsparteien. Beide richteten ihren Populismus gegen die jeweiligen Modelle des Wohlfahrtsstaates, gegen die staatliche Bürokratie und die angeblich erdrückende Steuerbelastung, waren aber noch nicht ethnisch-nationalistisch eingestellt. Die norwegische Fremskrittpartiet war dabei eine Kopie der bereits ein Jahr zuvor gegründeten dänischen Variante (Fremskridtpartiet) und schaffte bereits 1973, dem ersten Jahr ihrer politischen Karriere, mit 5 % den Einzug in das norwegische Parlament. Der plötzliche Tod von Parteigründer Anders Lange stürzte die Partei 1974 in eine Krise, so dass bei den Wahlen von 1977 nur noch 1,9 % erzielt werden konnten. Erst mit der Nachfolge von Carl I. Hagen gelang der Partei wieder ein politischer Erfolg, der jedoch durch einen innerparteilichen Streit nur sehr schmal ausfiel. So musste sich die Partei 1985 mit 3,7 % der Wählerstimmen zu-frieden geben. Was die Wahl von 1989 mit 13 % aber wieder gut machte. Als Folge dessen brachte Hagen die Partei auf einen entschiedenen Anti-Immigrationskurs, wodurch 1997 sogar noch 2,2 Prozentpunkte dazu gewonnen werden konnten. Somit war die Fremskrittpartiet zweitstärkste Partei im norwegischen Parlament und konnte diese Stellung auch 2001 (14,7 %) halten. [12]

---

[12] siehe Stöss: Rechtsextremismus im Wandel. S. 180 ff.

In den Anfangsjahren nahm die Fremskridtspatiet in Dänemark eine ähnliche Entwicklung wie in Norwegen. Auch ihr gelang es bereits 1972 mit 15, 2 % der Wählerstimmen zweitstärkste Partei zu werden. Den größten Zuspruch bekam sie dabei aus der kleinbürger- lichen Schicht. Bis Mitte der achtziger Jahre sank die Zustimmung aber auf 3,6 % zurück. Nachdem Parteigründer Mogens Glistrup 1987 nach dreijähriger Haft wegen Steuerhinter- ziehung ins politische Geschehen zurückkehrte, schlug die Partei einen betont rassistischen Ton ein und konnte so vor allem Rentner für sich mobilisieren. Pia Kjaersgaard, als Vertretung für Glistrup während seiner Haft, wollte ihre Führungsposition nicht mehr einbüßen, so dass es zu scharfen innerparteilichen Auseinandersetzungen kam. So musste sie sich gegen eine Fraktion innerhalb der Partei behaupten, die an die politischen Inhalte der frühen Tage der Fremskridtpartiet festhielten. Schließlich trat Kjaersgaard zusammen mit ihren Anhängern aus und gründete 1995 die Dansk Folkeparti (Dänische Volkspartei, DF), die sich schnell gegen die Fremskridtpartiet behaupten konnte. Erst mit der DF konnte sich in Dänemark eine typische rechtspopulistische Partei etablieren. Ihr Programm richtete sich stark gegen das politische Establishment, gegen Einwanderung und die Integration Dänemarks in die Europäische Union. Dazu forderten sie autoritäre Maßnahmen zur Gewähr-leistung von Sicherheit und Ordnung und trugen starke fremdenfeindliche Züge. So sind nach Meinung von Kjaersgaard Bandenkriege und Massenvergewaltigungen ein

Produkt der Einwanderer. [13]Angesichts der ohnehin schon angewachsenen fremdenfeindlichen Stimmung in Dänemark konnte die Partei auf regen Zulauf hoffen. Bei ihrem ersten Wahlantritt 1998 schaffte es die DF dann auch gleich auf 7,4 % der Stimmen. Doch dieser Erfolg hatte auch andere Ursachen. Denn auch die etablierten Parteien richteten ihren Wahlkampf auf das Einwanderungsthema aus. Zusätzlich prangerte die Liberale Partei zwischen 1997 und 2001 die Einwanderungspolitik der regierenden Sozialdemokraten an. Aber auch andere Parteien und sogar einige Gewerkschaften näherten sich der Haltung der DF zur Einwanderungsfrage an. Durch diese gemeinsamen Positionen konnte die DF den Eindruck einer ganz normalen Partei erwecken, deren Beteiligung am Regierungsprozess legitim sei. Da die DF immer mehr Zuspruch bekam reagierten die Sozialdemokraten tatsächlich mit einer Verschärfung der Flüchtlings- und Einwanderungspolitik. Als dann der Fraktionsabgeordnete der Sozial-demokraten, Mogens Camre, 1999 zur DF überwechselte, zeigte sich wie viel Einfluss die neue rechtspopulistische Partei bereits besaß.[14]

Doch auch wenn sich eine Annäherung der Parteien vollzog, war der Ton der DF deutlich schärfer von ethnisch-nationaler Fremdenfeindlichkeit geprägt. So will sie die Einwanderung nach

---

[13] siehe Scharenberg, Albert: Rückkehr der Führer?: Rechtsparteien in Europa. In: Blätter für deutsche und internationale Politik. 5/2005. [o. O.] 2005, S. 574 ff.
[14] vgl. Decker: Populismus in Europa. S. 172 ff.

Dänemark praktisch unmöglich machen. Denn sie vertreten die Meinung, dass die Einwanderer zu einem Anstieg der Kriminalität führen, die Existenz der dänischen Kultur und des Wohlfahrtsstaates gefährden und überhaupt nicht gewillt sind sich in die dänische Gesellschaft zu integrieren. Die Einbürgerung soll erschwert werden und wenn es nach den Rechtspopulisten ginge, dürften eigentlich auch keine Asylsuchenden und Flüchtlinge aufgenommen werden, damit sie sich nicht zu Einwanderern entwickeln. Außerdem werden Einwanderer aus muslimischen Ländern mit islamischen Fundamentalisten gleichgesetzt. Diese Hetze wurde aber nicht hinter verschlossenen Türen gehalten, sondern konnte im Parteiprogramm nach gelesen werden. Die Wähler schienen die Argumente der DF aber nicht abgeschreckt zu haben und so kam die Partei bei den Wahlen von 2001 auf 12 % der Stimmen. Damit war die DF dort angelangt wo sie hin wollte, denn die liberal-konservative Minderheitsregierung tolerierte sie als Koalitionspartner im dänischen Parlament. Während dieser Legislaturperiode nahm die DF unter anderem großen Einfluss auf die Verabschiedung von Reformpaketen zur Verschärfung der Ausländer- und Einbürgerungsgesetzte.[15]

Die stärkste rechtspopulistische Partei Skandinaviens braucht sich über ihre politische Zukunft zunächst keine Sorgen machen, denn

---

[15] ebenda. S. 178

auch im Februar 2005 gaben 13,2 % der Dänen ihre Stimme für die Dansk Folkeparti ab.[16]

3.2 Kein Erfolg in Schweden

Anders als in Dänemark und Norwegen konnte sich in Schweden bis heute keine rechts-populistische Partei etablieren. Mit Ausnahme der 1991 gegründeten Ny Demokrati (Neue Demokratie), die bei ihren ersten Wahlen auf Anhieb 6,7 % der Stimmen bekam, gelang es keiner rechten Partei dieses Niveau zu wiederholen. Ideologisch orientierte sich die Ny Demokrati stark an den Leitbildern der dänischen und norwegischen Fortschrittsparteien. Doch die Partei verschwand schnell wieder vom politischen Parkett, als 1994 Ian Wachtmeister, der die Führungsrolle besaß, die Partei verließ.[17]

Selbst der zurzeit führenden rechtsradikalen Partei, den Sverigedemokraterna (Schwedische Demokraten), gelang es bei den Reichstagswahlen 2002 nur 1,4 % der Stimmen zu erhalten. Gegründet wurde die Partei 1988 und war der direkte Nachfolger der Schwedischen Partei, die wiederum ihren Ursprung in der schwedischen Version der Fortschrittsparteien hatte. Die Wurzeln der Partei liegen im schwedischen Faschismus und besonders in den

---

[16] siehe Scharenberg: Rückkehr der Führer? S. 575
[17] siehe Scharenberg: Rückkehr der Führer? S. 574
  Betz: Radikaler Rechtspopulismus in Westeuropa. S. 361

Anfangsjahren waren Gemeinsamkeiten zu offen anti-demokratisch eingestellten nazistischen und faschistischen Gruppierungen nicht zu übersehen. Mitte der neunziger Jahre entschloss die Partei dann aber sich von diesem negativen Image zu entfernen. Dazu wurden einige provokante Abschnitte des Parteimanifestes abgemildert oder ganz herausgenommen. 1999 distanzierten sie sich endgültig vom Nazismus. Bei der Bevölkerung schafften es die Schwedischen Demokraten dennoch nicht sich vom Bild einer anti-demokratischen und faschistischen Partei zu lösen und eine respektable Fassade aufzubauen.[18]

Das Parteiprogramm der Schwedischen Demokraten entspricht völlig dem anderer rechtspopulistischer Parteien und erinnert stark an das der Dänischen Volkspartei. Es gründet vor allem auf die Gedanken des Ethno-Nationalismus und der Fremdenfeindlichkeit, sowie der Kritik am Establishment. Im Parteiprogramm von 2002 wurde die Wahrung der nationalen Identität als primäres Ziel deklariert. Dementsprechend spricht sich die Partei für eine scharfe Immigrationspolitik aus. Wie in Dänemark wird die Einwanderung als Gefahr für die eigene Kultur und als Ursache für Gewaltverbrechen und Arbeitslosigkeit angesehen. Auch der Erhalt des Wohlfahrtsstaates sei durch Einwanderer gefährdet und nach Meinung der Schwedischen Demokraten stünden, die ohnehin knapper werdenden Ressourcen des Landes nur den „ethnischen

---

[18] vgl. Decker: Populismus in Europa. S. 184

Schweden" zu. Auch die Begrenzung oder Kürzung staatlicher Leistungen wurde unmittelbar mit der Einwanderung in Zusammenhang gebracht. Dieses Argument wurde dann auch genutzt um die Zuwanderer gegen andere vermeintlich benachteiligte Gruppen, wie zum Beispiel die Rentner, auszuspielen. [19]

Die Schwedischen Demokraten suggerierten den Wählern zudem die „wahre Stimme des Volkes" und Verteidigerin der Demokratie zu sein. Die übrigen Parteien Schwedens wurden als „liberal-marxistisches" Establishment über einen Kamm geschert, da sie allesamt einer multikulturellen Utopie hinterherhinken.[20] Es zeigt sich also, dass auch die Schwedischen Demokraten die Rhetorik des Rechtspopulismus zu nutzen wissen. Allerdings können sie nicht annähernd die Erfolge der restlichen rechtspopulistischen Parteien Europas verbuchen. Dabei zeigten Untersuchungen, dass sich die schwedische Bevölkerung in ihrer Zufriedenheit mit den politischen Institutionen, der Ausländerfeindlichkeit und der Bindung an traditionelle Parteien, nicht von den Werten anderer europäischer Länder unterscheidet.[21]Doch im Gegensatz zu Dänemark und Norwegen, haben die demokratischen Parteien in Schweden nie versucht sich

---

[19] siehe Decker: Populismus in Europa. S. 185
[20] ebenda. S. 186
[21] siehe Gabriel, Oscar W.: Rechtsextreme Einstellungen in Europa. In: Politische Vierteljahrsschrift. Sonderheft 27/2005. Opladen 2006, S. 352 ff.

18

den Rechtspopulisten anzunähern. Sie verweigerten zudem jegliche Art der Zusammenarbeit mit den Schwedischen Demokraten und versuchten auch nicht ihrer rechtspopulistischen Rhetorik nachzueifern. Diese strikte Abgrenzung zu den Rechtsextremen blieb natürlich auch der Bevölkerung nicht verborgen, was sich für die Wählerstimmen der Schwedischen Demokraten nur negativ auswirken konnte. Nicht zuletzt ihre faschistische Vergangenheit und die bleibende Verbindung zu neonazistischen Organisationen in der Öffentlichkeit scheinen die Wähler abzuschrecken. Die Schwedischen Demokraten konnten in der Bevölkerung und bei den etablierten Parteien nie das Bild einer legitimen Partei schüren und werden an ihrem Nazi-Image haften bleiben. [22] Es zeigt sich also, dass die gleichen Voraussetzungen für den Aufstieg populistischer Parteien, nicht mit deren automatischen Erfolg gleichzusetzen sind.

4. Rechtspopulismus als Herausforderung für die Demokratie

Mit Ausnahme einiger Länder (Großbritannien, Irland, Spanien und Griechenland) sind rechtspopulistische Parteien in Europa flächendeckend präsent. Nachdem die ersten Rechts-populisten ihre Erfolge feiern konnten, hoffte man noch, dass sie sich mit der Zeit wieder dem normalen politischen Maß annähern oder ganz aus dem Parteiensystem verschwinden würden. Doch was zunächst noch als

---

[22] vgl. Decker: Populismus in Europa. S. 187

flüchtige Protesterscheinung abgetan wurde, konnte sich mittlerweile in einigen europäischen Ländern standfest etablieren.[23]

Dabei sind alle europäischen Länder mit den gleichen gesellschaftlichen Problemen moderner Industriestaaten konfrontiert und kein Land ist generell anfälliger für rechtspopulistische Parteien. Doch der Unterschied für den Erfolg oder Nichterfolg liegt bei dem verschiedenen Entgegentreten der Problematik in den Ländern. Um ein Aufkeimen des Rechtspopulismus zu verhindern, muss man sich von den rechtspopulistischen Parteien, ihren Inhalten und Methoden distanzieren. Die Öffentlichkeit muss über die Absichten der Rechtspopulisten, besonders aber über deren Demokratieverständnis aufgeklärt werden. Gleichzeitig müssen die Demokraten dafür sorgen, dass sich keine gesellschaftlichen Situationen entwickeln, die den Rechtspopulisten Angriffsflächen liefern könnten. Der Demokratiegedanke muss in den Köpfen der Bevölkerung so verankert sein, dass sie gar nicht erst dazu neigen ihre Stimme an rechtspopulistische Kräfte abzugeben. Gelingt es aber, den von den Rechtspopulisten besetzten Politikfeldern die Bedeutung zu entziehen und ihnen sachlicher zu entgegnen, so verlieren sie auch in der Bevölkerung zunehmend an Akzeptanz.[24] Wenn die demokratischen Parteien eines Landes die Rhetorik der Rechtspopulisten annehmen, sich ihrer politischen Ideologie annähern oder sie als Regierungspartner akzeptieren, haben die

---

[23] siehe Decker: Populismus in Europa. S. 9
[24] vgl. Pfahl-Traughber: Volkes Stimme? S. 178 ff.

Rechtspopulisten schon gewonnen. Denn dann können sie in der Öffentlichkeit das Bild einer legitimen politischen Partei waren.

5. Literaturverzeichnis

Betz, Hans-Georg: Radikaler Rechtspopulismus in Westeuropa. In: Politische Vierteljahrsschrift. Sonderheft 27/2006. Opladen 2006, S. 361-373

Burmeister, Hans-Peter (Hrsg.): Ursachen und Folgen des Rechtspopulismus in Europa. Rehburg-Loccum 2003

Decker, Frank (Hrsg.): Populismus in Europa: Gefahr für die Demokratie oder nützliches Korrektiv? Bonn 2006

Gabriel, Oscar W.: Rechtsextreme Einstellungen in Europa. In: Politische Vierteljahrsschrift. Sonderheft 27/2006. Opladen 2006, S. 344-359

Pfahl-Traughber, Armin: Volkes Stimme?: Rechtspopulismus in Europa. Bonn 1994

Scharenberg, Albert: Rückkehr der Führer?: Rechtsparteien in Europa. In: Blätter für deutsche und internationale Politik. 5/2005. [o. O.] 2005

Stöss, Richard: Rechtsextremismus im Wandel. Berlin 2005